AF459503

DE LA

POLICE DU ROULAGE.

DE LA

POLICE DU ROULAGE,

CONTENANT :

1° Les dispositions textuelles des Lois, Décrets, Ordonnances ;

2° Les Arrêts du conseil d'État ;

3° Les Instructions ministérielles.

Avec une introduction et une table alphabétique des matières,

PAR P. BRAFF,

Conseiller de préfecture.

PARIS,

IMPRIMERIE ET LIBRAIRIE DE LÉAUTEY,

Rue Saint-Guillaume, 21.

1849.

INTRODUCTION.

Le transport est, sans aucun doute, l'un des agents les plus actifs, les plus puissants du commerce. Il entre dans le prix de revient de tous les produits ; il équivaut même à la valeur totale d'un produit lorsqu'il est appliqué à ceux auxquels il faudrait renoncer sans cet avantage. Aussi est-il vrai de dire avec un savant publiciste italien « Le commerce n'est réellement que le transport des marchandises d'un point à un autre. » (1)

Le gouvernement, pénétré de cette vérité, a fait, depuis cinquante ans, de louables efforts pour doter notre vaste territoire de ces communications intérieures, rapides et économiques, qui multiplient à l'infini les forces morales et matérielles de l'homme.

En 1811, la France ne comptait que 3,000 lieues environ de routes nationales et 2,000 lieues au plus de routes départementales. En 1829 il n'existait encore en France que 4,500 lieues environ de routes nationales à l'état d'entretien. Mais, depuis cette époque, le nombre des voies de communication s'est accru d'une manière extraordinaire. En 1847, on comptait près de 19,000 lieues de routes nationales ou départementales (2), et la somme des dépenses occasionnées par les transports s'élevait annuellement à 600 millions environ, indépendamment du prix des places dans les diligences. Grâces au meilleur état de ses routes, la France a vu, en quarante ans, le prix de ses transports se réduire d'un tiers (3). Les dépenses énormes (4) que nécessite l'en-

(1) Verri, meditazioni sulla economia politica.

(2) La France possède, en outre, environ 330,000 chemins vicinaux de petite communication, ayant une longueur approximative de 650,000 kilom. et 2,600 chemins vicinaux de grande communication ayant une longueur de 37,000 kilomètres.

(3) De 1808 à 1812, la tonne de marchandises transportée sur les principales routes de France coûtait environ 3 fr. 30 c. par myriamètre ; elle revient aujourd'hui à peine à 2 francs.

(4) Le coût de construction d'une route nationale non pavée est de 6 à 14,000 f.

tretien des routes a dû naturellement appeler l'attention du gouvernement sur tout ce qui peut nuire à leur conservation et à leur viabilité. Depuis près de deux siècles ce puissant intérêt occupe la sollicitude du législateur.

« Dès 1670, dit M. de Barthelemy, dans son rapport sur la police du roulage, on voit le grand Colbert conseiller au roi de prendre des mesures pour garantir la route des dégradations auxquelles les exposerait la liberté illimitée du roulage. En 1724, après de grands travaux faits pour la réparation, l'embellissement et la commodité des grands chemins, les rouliers profitèrent de leur meilleur état pour élever jusqu'au double le chargement de leurs voitures; le gouvernement fut obligé de sévir contre ces abus auxquels ne pouvait remédier une dépense de fonds trois fois plus considérable que celle faite précédemment. On limita le nombre des chevaux qu'il fut permis d'atteler aux voitures. Cette restriction fut renouvelée en 1771 et en 1783. L'arrêt du conseil du 10 avril de cette dernière année, afin de favoriser l'usage des jantes larges, utilement employées en Angleterre, permit d'atteler un nombre de chevaux illimité aux voitures dont les jantes auraient 6 pouces (17 centimètres environ) de largeur. En 1797, une loi fiscale qui créait un droit de barrière, spécialement applicable à l'entretien des routes, fut la première qui prescrivit l'établissement des ponts à bascule; destinés alors à vérifier le poids pour servir de base à la perception, ils devaient assurer plus tard l'exécution des règlements à intervenir contre les surcharges. »

Les lois des 29 floréal an x et 7 ventôse an XII ont commencé à fonder l'édifice de la législation actuelle.

L'art. 7 de la loi du 7 ventôse an XII conférait au gouvernement le droit de modifier les dispositions de cette loi qui ne devait être que

---

le kil., selon les difficultés du sol, et une route nationale pavée coûte, en moyenne, 45.000 fr. La dépense d'entretien, par mètre courant, d'une route quelconque, s'élève à 0 fr. 618; pour une route pavée, à 0 fr. 790, et, pour une route empierrée, à 0 fr. 396.

L'entretien de nos routes coûte, en moyenne, 20 millions par an, sans compter les fonds consacrés aux lacunes, aux rectifications, ni les fonds extraordinaires.

transitoire. Tout en laissant subsister l'art. 1er de la loi du 1er messidor an XII, qui ne fixe aucun minimum de largeur de jantes pour les voitures attelées d'un seul cheval, le décret du 23 juin 1806 supprima la limitation du nombre des chevaux attelés aux voitures dont les jantes avaient plus de 11 centimètres de largeur, et n'assujétit les voitures du roulage et de messageries qu'à la limitation d'un poids proportionné à la largeur des jantes.

De nouvelles expériences ont bientôt démontré ce que ce décret avait de défectueux; ainsi, pour n'en citer qu'un exemple, il est constant aujourd'hui que les larges jantes, auxquelles le décret du 23 juin 1806 accordait une si grande faveur, ne protègent plus les routes lorsqu'elles dépassent une limite de douze centimètres. Au-delà, le poids du chargement ne pesant pas également sur le sol, repose seulement sur une petite portion de la jante, et exerce une action fâcheuse sur la route (1).

En vertu du pouvoir que lui attribuait l'art. 7 de la loi du 7 ventôse an XII, le gouvernement a modifié le tarif ancien toutes les fois qu'il a été rassuré sur l'effet des concessions réclamées dans l'intérêt de l'industrie ; c'est ainsi que, par les ordonnances des 23 avril 1834, 15 février 1837 et 2 octobre 1844, il a successivement substitué des tarifs nouveaux à celui qui avait été fixé par le décret du 23 juin 1806. Nous avons cité les textes de ces différents décrets et ordonnances.

---

(1) Rapport présenté par M. Emmery, inspecteur divisionnaire des ponts-et-chaussées, sur des expériences faites sur la route de Courbevoie, en 1839 et 1841, par M. Morin, officier d'artillerie.

Voici d'autres résultats produits par ces expériences :

1° Entre les limites de 6 à 7 centimètres d'une part, et 11 à 12 centimètres de l'autre, les jantes larges à chargements égaux protègent plus la route que les jantes étroites;

2° Les jantes étroites à chargements proportionnels à leur largeur, ont l'avantage sur les jantes larges ;

3° Les dégradations sont moindres avec une voiture à quatre roues qu'avec une voiture à deux roues;

4° Plus le diamètre des roues est grand, plus le tirage est facile, et moindres sont les dégradations opérées sur les routes;

5° Les voitures allant au trot et suspendues ne dégradent pas plus la route, quelque soit son état, que celles qui ne sont pas suspendues et vont au pas;

6° Il ne convient pas d'autoriser, dans l'intérêt des routes, un poids notablement au-dessus de 4,000 kilog. sur un seul train de voiture.

Résumé de la législation.

Arrêts du conseil d'Etat des 10 avril et 28 décembre 1783. Ce dernier défend de se servir de roues dont les bandes seraient attachées avec des clous taillés en pointe ;

4 février 1786, ordonnance sur la police du roulage ;

28 pluviôse an VIII, loi sur la compétence des conseils de préfecture ;

29 floréal an X (19 mai 1802), loi relative au poids des voitures de roulage et messageries ;

7 ventôse an XII (27 février 1804), loi qui détermine la largeur des jantes pour les roues des voitures de roulage attelées de plus d'un cheval. L'art. 7 de cette loi donne au Gouvernement le droit de modifier le tarif du poids des voitures de roulage et de leur chargement ;

4 prairial an XIII, décret concernant les voitures dont les roues ont des jantes inégales (art. 1er) ;

23 juin 1806, décret concernant le poids des voitures, leur pesage, la longueur des essieux, la forme des clous des bandes, les amendes, etc. ;

17 mai 1809, avis du conseil d'Etat sur le produit des amendes pour contraventions aux lois de roulage ;

3 mai 1810, décret réprimant une fausse interprétation de l'art. 8 du décret du 23 juin 1806 ;

18 août 1810, décret relatif au mode de constater les contraventions ;

28 août 1810, décret sur la police du roulage ;

29 août 1813, décret concernant le recouvrement et le versement des amendes ;

24 décembre 1814, ordonnance qui rectifie l'art. 27 du décret du 23 juin 1806 concernant le poids des voitures et la police du roulage, et renouvelle, en tant que de besoin, les dispositions des lois, décrets et réglements relatifs aux voitures publiques ;

23 décembre 1816 et 13 février 1817, ordonnances relatives à l'établissement des barrières de dégel ;

25 mars 1817, art. 117, ordonnance relative à l'estampille ;

4 février 1820, ordonnance contenant des mesures de police relatives aux propriétaires ou entrepreneurs de diligences, de messageries ou

autres voitures publiques, et déterminant (art. 8) le poids du chargement des diligences;

20 juin 1821, ordonnance relative au chargement des voitures dont les jantes seraient de largeur inégale;

21 mai 1823, ordonnance portant nouvelle rectification de l'art. 27 du décret du 23 juin 1806;

9 juillet 1823, ordonnance qui détermine le délai pour former opposition aux arrêtés des conseils de préfecture, en matière de roulage;

27 septembre 1827, ordonnance contenant réglement général sur la police du roulage: titre II, concernant le chargement et le poids des voitures. — Cette ordonnance a été rapportée par l'art. 40 de celle du 16 juillet 1828 qui contient un réglement nouveau et complet sur la matière;

29 octobre 1828, ordonnance sur la longueur des moyeux des charrettes, voitures de roulage et autres;

28 juin 1829, loi concernant la répression des contraventions aux ordonnances sur les voitures publiques;

23 avril 1834, ordonnance qui modifie les art. 18 et 25 de celle du 16 juillet 1828 en ce qui concerne le poids des voitures publiques;

15 février 1837, ordonnance relative à la police des messageries, diligences et voitures publiques; fixation du poids des voitures de roulage et autres;

24 octobre 1838, ordonnance relative au poids des voitures publiques;

21 décembre 1838 et 5 février 1842, ordonnances portant prorogation du délai fixé par l'art. 4 de l'ordonnance du 15 février 1837;

5 octobre 1843, ordonnance relative au poids des diligences, messageries, berlines, fourgons et autres voitures publiques;

2 octobre 1844, ordonnance relative au poids des voitures, apportant de nouvelles modifications;

20 octobre 1845, ordonnance relative au poids des voitures publiques à quatre roues avec bandes de dix centimètres de largeur.

CHAPITRE Ier.

LARGEUR DES JANTES ET DES BANDES.

§ I. *Loi du 7 ventôse an XII* (27 *février* 1804).

Art. 1er. A compter du 1er messidor an XIV (20 juin 1806) les roues des voitures employées au *roulage* dans toute l'étendue de la République, et attelées *de plus d'un cheval*, seront construites avec des jantes dont la largeur est déterminée par la présente loi.

La circulation des voitures qui, à cette époque, ne seront pas dans les termes de la loi, est irrévocablement interdite.

Art. 2. Le minimum de la largeur des jantes des voitures de roulage est fixé par le tarif suivant :

	NOMBRE DE roues.	NOMBRE DE chevaux attelés.	LARGEUR des bandes. c.	p.	l.
Voitures à.	2 ou 4	2	11	4	1
		3	14	5	2
	2	4	17	6	4
	4	4, 5 et 6	17	6	4
	2	plus de 4	25	9	3
	4	plus de 6	22	8	2

§ II. *Décret du* 23 *juin* 1806.

Art. 20. Il est accordé, lors de la vérification, une tolérance d'un centimètre sur la largeur des bandes des voitures de roulage, et d'un demi-centimètre sur celle des voitures de messageries. (1)

La loi du 7 ventôse an XII ne doit plus être appliquée dans celles de ses dispositions qui proportionnent la largeur des jantes au nombre des chevaux; cette abrogation qui est résultée du décret du 23 juin 1806 ne s'applique qu'à la disposition qui, au-delà de deux chevaux, exigeait plus de onze centimètres (Voir l'ordonnance du 2 octobre 1844).

Ce n'est plus en raison du nombre des chevaux attelés à une voiture,

(1) L'art. 1er de l'ordonnance du 15 février 1837 maintient cette disposition.

mais seulement par son poids constaté, que l'on doit déterminer la largeur que doivent avoir les jantes et la dimension des essieux.

Une voiture est en contravention lorsqu'elle est attelée de plus d'un cheval et que les jantes de ses roues ont moins de 11 centimètres.

Une voiture qui a des roues à jantes de 11 centimètres et plus, n'est en contravention que lorsque le poids excède le tarif fixé.

La défense d'atteler plus d'un cheval aux voitures de roulage à jantes étroites atteint même les voitures dont le chargement est léger (9 juin 1843), et les voitures circulant à vide, mais avec la destination d'un transport de roulage (6 juillet 1843), et les voitures suspendues qui vont au pas (30 août 1843). Cette défense s'applique même au cas où le trajet exécuté sur les routes est très court (20 janvier 1843).

Les voitures de roulage doivent avoir des jantes de 0 m. 11 c., lorsqu'elles sont attelées de plus d'un cheval, quelque soit d'ailleurs le poids de leur chargement (26 novembre 1839).

Il n'y a pas exception lorsque ces voitures marchent avec relais et qu'il est d'ailleurs constant qu'il s'agit de voitures employées au roulage et allant au pas (21 juin 1839).

Il y a contravention l'orsqu'à une voiture à quatre roues se trouvent seulement deux roues dont les jantes ont moins de onze centimètres (15 juillet 1842).

La loi du 7 ventôse s'oppose à ce qu'une voiture à jantes étroites soit rattachée par des chaînes ou cordes à une autre voiture attelée de quatre chevaux (22 juin 1843).

On ne peut sans contravention atteler, même momentanément, un deuxième cheval à une voiture à jantes étroites, lorsque l'état des routes présente des difficultés (1er juillet 1840, 20 août 1840, 26 novembre 1840, 4 juillet 1727, 26 octobre 1828, 3 mars 1837, 15 mars 1838); ainsi, le conseil de préfecture ne pourrait renvoyer de la plainte le propriétaire d'une voiture, sous prétexte qu'il n'avait attelé un second cheval qu'à cause du mauvais état de la route, ou pour franchir une côte rapide (25 janvier 1839, 5 août 1839).

Un arrêt du conseil d'Etat, en date du 25 décembre 1840, décide qu'on ne peut, pour gravir une rampe difficile, dételer momentanément un cheval d'une autre voiture et l'employer comme aide ou renfort.

Il faut remarquer toutefois qu'une décision du ministre des travaux publics, en date du 24 novembre 1842, porte que les rouliers qui se servent de jantes étroites pourront atteler à leurs voitures un cheval de renfort sur les rampes de cinq centimètres au moins d'inclinaison et que, dans plusieurs départements, les préfets ont, par un arrêté spécial, désigné les rampes auxquelles cette décision est applicable. Dans ces cas, le cheval attelé comme aide ou renfort ne compte pas. Hors de ces cas, il y a toujours contravention lorsqu'on emploie un second cheval.

La défense d'atteler un second cheval s'applique même au cas où ce second cheval ne serait attelé que pour soulager le premier cheval malade (6 juin 1844).

La défense d'atteler plus d'un cheval aux voitures de roulage dont les jantes ont moins de 0 m. 11 de largeur s'applique aux animaux de trait autres que le cheval, lorsque les forces réunies de l'attelage sont supérieures à celles d'un cheval, et, par exemple, à un attelage de deux mulets (27 août 1840, 10 décembre 1840), ou à un attelage d'un mulet ou d'un cheval et de deux ânes (26 décembre 1840).

Aux termes des arrêts du conseil d'Etat du 20 avril et du 28 décembre 1783, deux bœufs attelés à une voiture de roulage, ne doivent être comptés que pour un cheval (30 décembre 1843).

L'énonciation, dans un procès-verbal de contravention, qu'une voiture de roulage circulait avec un attelage de plusieurs chevaux et des jantes *étroites*, suffit pour constater que la largeur des jantes était inférieure à onze centimètres (19 mai et 7 décembre 1843).

En cas de contravention pour les jantesétroites, il n'est pas nécessaire que le procès-verbal fasse mention du chargement de la voiture (6 juillet 1843).

Les conseils de préfecture ne peuvent admettre, sur la largeur des jantes, une autre tolérance que celle accordée par l'art. 20 du décret du 23 juin 1806 précité. Ainsi, ils ne peuvent, lorsque les jantes d'une voiture de roulage à deux chevaux se trouvent avoir moins de dix centimètres, relaxer le propriétaire par le motif que lesdites jantes ont été réduites par l'usage au-dessous de cette largeur (6 septembre 1842, 6 juin 1844).

§ III. *Voitures employées à la culture.*

Loi du 7 ventôse an XII.

Art. 8. Sont exceptées des dispositions de la présente loi, les voitures employées à la culture des terres, au transport des récoltes et à l'exploitation des fermes; mais le Gouvernement réglera le poids du chargement de ces voitures, pour le cas où elles emprunteront les grandes routes.

On considère comme voitures employées à la culture, toutes celles qui se rendent de la ferme aux champs, ou des champs à la ferme, ou qui servent au transport des objets récoltés, du lieu où ils sont recueillis, jusqu'à celui où, pour les conserver ou les manipuler, le cultivateur les dépose ou les rassemble. (1)

Une voiture habituellement employée aux transports de l'agriculture

(1) Voir plus loin l'ordonnance du 2 octobre 1844.

perd le bénéfice de l'exemption toutes les fois qu'elle est employée à d'autres transports, attendu qu'on doit considérer, non l'usage habituel et le mode de construction de ces voitures, mais le transport auquel elles sont employées au moment où elles sont rencontrées par les agents de la police des routes.

Le transport d'une portion affouagère est un transport d'agriculture (23 février 1841).

Une voiture employée par un propriétaire à transporter des denrées de l'une de ses résidences à une autre où il avait l'habitude de passer quelques mois de l'année, ne peut être considérée comme voiture d'agriculture rentrant dans les cas d'exception prévus par l'art. 8 de la loi du 7 ventôse an XII (25 juillet 1845).

Il en est de même d'une voiture employée par un propriétaire à transporter sur une place publique les pierres qui encombraient ses champs (9 décembre 1845).

On doit considérer comme voiture d'agriculture celle qui transporte des engrais d'un point à l'autre d'une ferme, et celle qui vient du rouissage chargée de chanvre (15 août 1839).

On doit également considérer comme voiture d'agriculture une voiture chargée de fagots et employée à l'exploitation d'une closerie (15 août 1839).

Une voiture qui, au moment où elle est rencontrée, n'est employée ni à la culture des terres, ni au transport des récoltes d'un point à l'autre d'une ferme ou de ses dépendances, doit être considérée comme voiture de roulage, alors même qu'elle n'aurait pas les dimensions ordinaires de cette dernière espèce de voitures, qu'elle serait impropre au roulage, ou qu'elle ne transporterait que des effets du propriétaire (1er juillet 1840).

Une voiture employée à un déménagement de meubles doit être assimilée à une voiture de roulage (26 novembre 1839).

---

§ IV. *Vérification.*

Décret du 23 juin 1806.

Art. 19. Les préposés aux ponts à bascule sont aussi chargés de vérifier la largeur des bandes des roues; cette vérification se fera gratuitement, au moyen de jauges en fer qui seront remises à chaque bureau par l'administration des ponts-et-chaussées.

Art. 21. Les propriétaires des voitures et les rouliers pourront faire vérifier, par les préposés aux ponts à bascule, la largeur des bandes des roues de leurs voitures, et en retirer un certificat pour lequel ils paieront un franc, timbre du papier compris.

Art. 22. Ce certificat ne vaudra que pour servir de règle privée aux rouliers, et ne pourra être opposé comme preuve contraire dans les procès-verbaux de contravention sur la largeur des bandes.

Quoique l'art. 19 du décret précité énonce que la largeur des bandes des roues des voitures sera vérifiée avec des jauges en fer, tout autre moyen de vérification pendant le trajet parcouru, et sur des points éloignés des bureaux de vérification, n'est pas interdit à peine de nullité (4 février 1824), car ce serait interdire aux maires, adjoints, ingénieurs, gendarmes, etc., le droit qu'ils ont de constater les contraventions, en l'absence des préposés aux ponts à bascule, et sur tous les points de la route (12 janvier 1825).

---

§ V. *Amendes.*

Loi du 7 ventôse an XII.

Art. 3. Les contrevenants (à la largeur des jantes et des bandes) seront condamnés à payer 50 francs à titre de dommages : la moitié de cette somme appartiendra au saisissant. Ils devront, en outre, substituer aux roues de leurs voitures d'autres roues dont les jantes aient la largeur déterminée.

CHAPITRE II.

LONGUEUR DES ESSIEUX ET DES MOYEUX. — CLOUS DES BANDES.

---

§ Ier. *Longueur des essieux.*

Décret du 23 juin 1806.

Art. 16. La longueur des essieux de toute espèce de voitures, même de culture et de labourage, ne pourra jamais excéder deux mètres cinquante centimètres entre les deux extrémités ; et chaque bout ne pourra saillir au-delà des moyeux de plus de six centimètres.

Art. 25. Il sera accordé, lors de la vérification, une tolérance de cinq centimètres sur la longueur des essieux, en compensation du frottement qui aurait usé les échantignoles.

Amende.

Décret du 23 juin 1806.

Art. 28. Les contraventions à la longueur des essieux seront punies de l'amende de 15 francs, conformément à ce qui est ordonné par le règlement du 4 mai 1624.

§ II. *Longueur des moyeux.*

Ordonnance du 29 octobre 1828.

Art. 1er. Dix-huit mois après la publication de la présente ordonnance, aucune voiture ne pourra circuler dans l'étendue du royaume, qu'avec des moyeux dont la saillie n'excédera pas douze centimètres, un plan passant par la face extérieure des roues.

Art. 9. Les voitures publiques auront au moins un mètre soixante-deux centimètres de voie, entre les jantes et la partie pesant sur le sol.

La voie des roues de devant ne pourra être moindre, lorsque les voies seront inégales, de 1 mètre 59 centimètres (1).

Amende.

L'ordonnance du 29 octobre 1828 ne contient d'autre disposition pénale que celle de l'art. 2, d'après lequel les moyeux et essieux des voitures prises en contravention, doivent être coupés et réduits à la longueur légale. Mais, outre cette réduction, l'art. 3 porte que les contraventions sur la longueur des moyeux seront constatées par procès-verbaux et poursuivis comme les autres contraventions en matière de roulage. Il s'agit donc seulement de déterminer dans quelle classe de contraventions elles doivent être rangées. Aux termes de l'art. 16 du décret du 23 juin 1806, les essieux des voiture ne peuvent être en saillie de plus de 0 mètre 6 cent., et les contraventions à cette disposition sont punies d'une amende de 15 francs, par l'art. 28 du même décret. Or, les contraventions à l'ordonnance de 1828 doivent être assimilées aux saillies d'essieux, dans lesquelles elles se confondent souvent, puisque l'art. 1er, en réglant la saillie des moyeux, y a compris celle des essieux. Il y a donc lieu de leur appliquer la peine fixée par le décret de 1806, pour excès de longueur des essieux, c'est-à-dire, celle de 15 francs d'amende.

C'est là, d'ailleurs, la jurisprudence du Conseil d'Etat, qui a décidé plusieurs fois que la contravention à l'ordonnance du 29 octobre 1828, qui limite la saillie que peuvent faire les moyeux et essieux par rapport à un plan vertical passant par la face extérieure des jantes, mais ne pro-

---

(1) Suivant l'opinion des hommes de l'art les plus instruits, des moyeux de forme presque entièrement cylindrique, et d'une longueur totale de 14 à 16 pouces (38 à 43 centimètres), si on leur donne d'ailleurs une grosseur convenable, ont toute la solidité nécessaire pour les plus grandes et les plus fortes voitures. Il est donc à désirer que cette forme soit généralement adoptée. (Circulaire du ministre de l'intérieur, 13 novembre 1828).

nonce aucune peine, doit être punie d'une amende de 15 francs, que le décret du 23 juin 1806 (art. 28) prononce pour contravention à la longueur des essieux (18 mars 1842, 28 août 1844).

§ III. *Clous des bandes.*

Décret du 23 juin 1806.

Art. 18. Les défenses d'employer des clous à tête de diamant sont renouvelées. Tout clou de bande sera rivé à plat ; lorsqu'il aura été posé à neuf, il ne pourra former une saillie de plus d'un centimètre.

Amende.

Même décret.

Art. 29. Les contraventions sur le fait des clous des bandes seront punis d'une amende de 15 francs, conformément à l'art. 7 de l'arrêt du Conseil d'Etat du 28 décembre 1783.

CHAPITRE III.

POIDS DES VOITURES.

§ I. *Loi du 7 ventôse an* XII.

Art. 7. Le Gouvernement modifiera le tarif du poids des voitures et de leurs chargements, porté dans la loi du 29 floréal an x, d'après les expériences faites sur les roues à larges jantes, ordonnées par la présente loi. — Il règlera la largeur des jantes et le poids des diligences, messageries et autres voitures publiques. — La faculté d'augmenter le poids des chargements, dans des proportions à déterminer par le Gouvernement, sera accordée aux voitures dont les jantes excéderont les largeurs énoncées au tarif (de la présente loi). — Le Gouvernement fixera la longueur des essieux, la forme des bandes, et celle des clous qui fixent les jantes des voitures de roulage.

Le Gouvernement, usant du pouvoir que lui conférait l'article précité, est intervenu chaque fois que l'expérience lui en démontrait la nécessité. C'est ainsi que le décret du 23 juin 1806, et les ordonnances des 15 février 1837, 5 février 1842, 5 octobre 1843 et 2 octobre 1844, que nous allons citer, apportèrent des modifications successives aux tarifs primitivement fixés.

---

§ II. *Décret du* 23 *juin* 1806.

Art. 3. Le poids des voitures de roulage, compris voiture, chargement, paille, corde, bâche, est fixé ainsi qu'il suit :

2

Pendant cinq mois, à compter du 1er novembre jusqu'au 1er avril, le poids des charrettes et voitures à deux roues, avec des bandes de 11 centimètres de largeur ne pourra excéder. . . . . 2,200 kil.

Bandes de 14 centimètres. 3,400
Bandes de 17 — 4,800
Bandes de 25 — 6,800

Pendant les sept autres mois de l'année, le poids des charrettes à bandes de 11 centimètres, ne pourra excéder. . . . . . 2,700 kil.

Bandes de 14 centimètres. 3,100
Bandes de 17 — 5,800
Bandes de 25 — 8,200

Pendant les cinq mois, à partir du 1er novembre jusqu'au 1er avril, le poids des chariots ou voitures à quatre roues et à voies égales, avec bandes de 11 centimètres, ne pourra excéder. . . . . 3,300 kil.

Bandes de 14 centimètres. 4,700
Bandes de 17 — 6,700
Bandes de 22 — 8,700

Pendant les sept autres mois, le poids des chariots à bandes de 11 centimètres, ne pourra excéder. . . . . 4,000 kil.

Bandes de 14 centimètres. 5,700
Bandes de 17 — 8,100
Bandes de 22 — 9,600 (1)

Art. 4. Il est fait une exception en faveur des chariots dont les voies sont inégales, c'est-à-dire lorsque la voie de derrière excédera celle de devant dans les proportions suivantes, et que ces proportions se trouveront également entre la longueur des essieux d'une échantignole à l'autre :

Pendant les cinq mois d'hiver, chariots, bandes de 11 centimètres, avec excès de largeur pour la voie de derrière de 12 c. . 3,700 kil.

Bandes de 14 cent., excès de largeur de 16. . . . 5,200
Bandes de 17 — excès de largeur de 19. . . . 7,400
Bandes de 22 — excès de largeur de 24. . . . 9,500

Les mêmes chariots, pour les sept mois d'été, et avec les excès de largeur de voie ci-dessus déterminés :

Bandes de 11 centimètres. . . . . 4,400 kil.
Bandes de 14 — 6,200
Bandes de 17 — 8,800
Bandes de 22 — 11,400

Art. 5. Il est accordé une tolérance sur le poids ci-dessus fixé des charrettes et des chariots, pour suppléer au cas où les roues et les voitures seraient surchargées de boue, et où leur bâchage et même leur chargement seraient imprégnés d'eau.

(1) Les chariots ayant des bandes de 22 centimètres peuvent, pendant les sept mois d'été, porter 15,500 kilogr. au lieu de 9,600 (Circulaire du directeur général des ponts-et-chaussées du 15 juin 1807).

La tolérance sera uniforme pour toutes les saisons et pour toutes les largeurs de bandes ; elle est fixée à 200 kilogrammes en faveur des charrettes, et à 300 pour les chariots.

Art. 6. Le poids des voitures publiques, diligences, messageries, fourgons, allant en poste ou avec relais, berlines, est fixé pour toute l'année ainsi qu'il suit :

Avec bandes de 6 centimètres. . . . . 2,000 kil.
— de 7 — 2,300
— de 8 — 2,600
— de 9 — 2,900
— de 10 — 3,200
— de 11 — 3,400

Art. 7. La tolérance sur le poids des voitures publiques pour les causes exprimées dans l'art. 4, est fixée à 100 kilogrammes pour chaque voiture (1).

Art. 8. Le poids des voitures employées à la culture des terres, au transport des récoltes, à l'exploitation des fermes, et qui, par l'art. 8 de la loi du 7 ventôse an XII, sont exceptées de l'obligation d'avoir des roues à jantes larges, ne pourra, lorsqu'elles fréquentent les grandes routes, excéder dans aucun cas quatre mille kilogrammes, chargement compris (2).

§ 3. *Ordonnance du* 15 *février* 1837.

Art. 1er. Le poids des voitures de roulage et autres employées aux transports, allant au pas, y compris voiture, chargement, paille, cordes et bâche, est limité à raison de la largeur des jantes, du nombre de roues et des saisons, ainsi qu'il suit :

LARGEUR des jantes.	VOITURES A 2 ROUES		VOITURES A 4 ROUES	
	du 20 nov. au 1er avril.	du 1er avril au 20 novembre	du 20 nov. au 1er avril.	du 1er avril au 20 nov. (3)
De 11 à 14 cent.	2,700 k.	3,200 k.	4,400 k.	5,200 k.
De 14 à 17 »	3,500	4,100	5,600	6,700
De 17 et au-dess.	4,200	4,900	6,100	8,100

(1) C'est l'article 5 et non l'article 4 dont les dispositions sont rappelées ici.

(2) Voir le décret du 3 mai 1810 et les ordonnances citées ci-après.

(3) Les journées du 20 novembre et du 1er avril formant chacune le point

Art. 2. Le poids des diligences, messageries, berlines, fourgons et autres voitures publiques destinées au transport des voyageurs et des marchandises, portées sur quatre roues, suspendues sur des ressorts métalliques, allant au trot, avec ou sans relais, y compris voitures, voyageurs, cordes et bâche, est limité, à raison de la largeur des jantes et des saisons, ainsi qu'il suit :

LARGEUR des jantes.	Du 20 novembre au 1er avril.	Du 1er avril au 20 novembre.
7 centim.	2,400 kil.	2,600 kil.
8	3,100	3,400
9	3,400	3,800
10	3,700	4,100
11	4,000	4,400

Si la voiture n'est pas suspendue sur ressorts métalliques, la limite des poids autorisée restera telle qu'elle est fixée par le décret de 1806 (1) et l'ordonnance du 23 avril 1834 (2).

Par décision du ministre des travaux publics, en date du 8 février 1841, les sieurs Blanc et Ce, entrepreneurs de roulage à Paris, ont été autorisés à faire circuler, sur la grande route, des voitures à six roues, à trains articulés, de l'invention du sieur Dietz, en assimilant les voitures à jantes de 7, 8, 9 et 10 centimètres, aux voitures suspendues allant au trot, et les voitures à roues de onze à quatorze centimètres de largeur de jantes aux voitures non suspendues, allant au pas, ainsi qu'il suit:

---

de départ d'une des deux périodes déterminées par cette ordonnance, la journée du 20 novembre doit être comprise dans la première période (période d'été), et celle du 1er avril dans la seconde (période d'hiver).

(1) Voir, plus haut, l'art. 5 de ce décret.

(2) Ordonnance du 23 avril 1834.
Art. 1er.
Avec bandes de 8 centimètres .... 2,800 kil.
Id. de 11 id 3,520
Id. de 14 id 4,480

	LARGEUR des jantes.	POIDS EN	
		été.	hiver.
	centimètres.	kilogr.	kilogr.
1° Par assimilation aux voitures suspendues, avec le droit d'aller au trot, et avec tolérance de 300 kil.	7	3,600	3,900
	8	4,650	5,100
	9	5,100	5,700
	10	5,550	6,150
2° Par assimilation aux voitures non suspendues, avec obligation d'aller au pas, et avec tolérance de 450 kil.	11 à 13	6,600	7,800
	14	8,400	10,050

§ IV. *Ordonnance du 5 octobre 1843.*

Art. 1er. Le poids des diligences, messageries, berlines, fourgons et autres voitures publiques, employées au transport des voyageurs ou des marchandises, suspendues sur ressorts métalliques, allant au trot, avec relais, y compris voiture, voyageurs, bagages, marchandises, cordes et bâche, est limité, à raison de la largeur des bandes et du nombre des roues, ainsi qu'il suit :

	LARGEUR DES BANDES.			
	7 centimètres.	8 centimètres.	9 centimètres.	10 centimètres.
Voitures à 4 roues	3,000 k.	3,500 k.	4,000 k.	4,500 k.
Voitures à 2 roues	1,500	1,750	2,000	2,250

La voiture à quatre roues, avec des bandes de 6 centimètres, continuera provisoirement de circuler avec les poids actuellement autorisés.

Art. 2. Il est accordé une tolérance d'un demi-centimètre sur la largeur des bandes des roues.

Il est accordé, en outre, sur les poids énoncés ci-dessus, une tolérance de 200 kilogrammes.

Art. 3. Sont affranchies de la vérification de leur poids :

1° Les voitures publiques employées au transport des voyageurs, suspendues sur ressorts métalliques (1), allant au trot avec relais, ou ne parcourant au trot et sans relais qu'une distance de trois myriamètres ; pourvu qu'elles soient attelées de trois chevaux au plus, et montées sur quatre roues ayant 7 centimètres, au moins, de largeur de bandes ;

2° Les voitures publiques mentionnées au paragraphe précédent, pourvu qu'elles soient attelées de quatre chevaux au plus, et montées sur quatre roues ayant, au moins, 9 centimètres de largeur de bandes.

Sont et demeurent abrogées toutes dispositions contraires à celles de la présente ordonnance.

« La loi du 7 ventôse an XII a fixé à 11 centimètres le minimum de la largeur des jantes des voitures de roulage, et n'a pas laissé au gouvernement la faculté de modifier cette disposition. L'usage du cheval de renfort, que l'administration a autorisé, par une décision assez récente, sur les parties des routes en pente trop rapide (voir au chap. 1er, § 2), est à peu près la seule satisfaction qu'il soit possible d'accorder au roulage.

» Mais, quant aux messageries et aux voitures publiques, le gouvernement n'est pas privé de toute action ; le deuxième paragraphe de l'art. 7 de la loi du 7 ventôse an XII l'autorise, au contraire, à régler la largeur des jantes et le poids des voitures : en vertu de cette délégation, le gouvernement peut, dès-lors, modifier le tarif ancien, et entrer dans la voie du progrès toutes les fois qu'il est rassuré par l'expérience sur l'effet des concessions réclamées dans l'intérêt de l'industrie ; c'est ainsi que, par les ordonnances des 23 avril 1834 et 15 février 1837, il a successivement substitué des tarifs nouveaux à celui qui avait été fixé par le décret du 23 juin 1806.

» L'ordonnance de 1837 avait admis 11 centimètres pour maximum de la largeur des jantes. On a reconnu que ce maximum pouvait être abaissé d'un centimètre sans compromettre l'entretien des chaussées.

» Quant à la différence des saisons, pour les voitures publiques, c'est en 1837 qu'elle a été admise pour la première fois. Jusque-là, les messageries pouvaient porter les mêmes poids. Elles ont demandé qu'on revienne à l'ancien état de choses. Elles ont fait observer que les mar-

---

(1) Si la voiture n'est pas suspendue sur des ressorts métalliques, le poids demeure fixe, savoir :

Pour les voitures dont les jantes ont 8 centimètres, à.......... 2,360 kil.
Pour celles dont les jantes ont 11 centimètres, à.............. 3,520
Pour celles dont les jantes ont 14 centimètres, à.............. 4,380

Il est accordé une tolérance de 100 kil. sur le poids ci-dessus.

Le poids ne sera que de moitié si les voitures ne sont portées que sur deux roues (Ordonnance du 15 février 1837, art. 2. — Ord. du 23 avril 1830 et du 24 octobre 1838.)

chés qu'elles passent avec les relayeurs, et qui embrassent non-seulement une année entière, mais même plusieurs années, supposent des poids constants. De plus, c'est dans les mois de novembre, de décembre et de janvier que les messageries ont le plus de transports à faire.

» Il n'y a aucun inconvénient réel à faire accueil à cette demande. Le maximum des poids des messageries ne doit pas excéder 4,700 kilogrammes (tolérance comprise), avec la jante la plus large. Dans cette limite de poids, on peut, sans danger, n'admettre aucune différence entre les poids d'été et les poids d'hiver.

» A l'égard du diamètre des roues, la question a été l'objet d'une vive controverse. Il est certain que, sur un plan horizontal, l'augmentation du diamètre facilite le tirage, et qu'ainsi, à poids égal, les routes doivent éprouver une moindre dégradation si le diamètre des roues est plus grand ; mais quand la route s'incline sur une déclivité un peu prononcée, ou bien si les chevaux ne sont pas de haute taille (et c'est ce qui arrive dans plusieurs contrées de la France), de nouveaux éléments doivent s'introduire dans la question et peuvent en modifier la solution. Au surplus, cette question, qui peut avoir une gravité réelle en ce qui concerne le roulage, est évidemment sans importance pour les messageries qui ne pourraient accroître sensiblement le diamètre de leurs roues sans augmenter la hauteur de la voiture, ce qui est expressément interdit par les règlements (1). »

§ V. *Ordonnance du 2 octobre 1844.*

Art. 1er. Le poids des voitures de roulage ou autres, employées à des transports, y compris voiture, chargement, paille, cordes et bâche, est limité, en raison des saisons, de la largeur des bandes et du nombre des roues, ainsi qu'il suit :

LARGEUR des bandes.	VOITURES A 2 ROUES		VOITURES A 4 ROUES	
	du 20 nov. au 1er avril.	du 1er avril au 20 nov.	du 20 nov. au 1er avril.	du 1er avril au 20 nov.
De 11 à 14 centim.	3,100 k.	3,600 k.	5,000 k.	5,800 k.
De 14 à 17 »	4,100	4,600	6,000	7,000
De 17 et au-dessus.	4,800	5,600	6,700	7,800

(1) Rapport du ministre des travaux publics (5 oct. 1843).

Art. 2. Il est accordé sur la largeur des bandes des roues une tolérance de 1 centimètre.

Il est accordé, en toute saison, sur les poids énoncés au tableau ci-dessus, une tolérance de 200 kilogrammes pour les voitures à deux roues, et de 300 kilogrammes pour les voitures à quatre roues.

Art. 3. Sont exceptées des dispositions relatives à la largeur des bandes des roues, et à la vérification du poids, les voitures employées à la culture des terres, au transport des récoltes et à l'exploitation des fermes.

Jouiront de l'exemption énoncée ci-dessus, toutes les voitures qui se rendent de la ferme aux champs ou des champs à la ferme, ou qui servent au transport des objets récoltés du lieu où ils ont été recueillis jusqu'à celui où, pour les conserver ou les manipuler, le cultivateur les dépose ou les rassemble.

Art. 4. Sont encore exceptées des dispositions relatives à la largeur des bandes des roues, toutes voitures dont le poids, y compris voiture et chargement, n'excède pas 2,500 kilogrammes, si elles sont à deux roues, et 4,000 si elles sont à quatre roues, lorsqu'elles sont employées :

1° Aux transports exécutés directement par les propriétaires, fermiers et colons partiaires, pour la vente de leurs denrées aux marchés voisins, ainsi que pour leur approvisionnement en denrées, amendements, engrais et matériaux destinés à l'entretien et à la reconstruction des bâtiments d'exploitation rurale;

2° Aux transports exécutés par les fermiers et les colons partiaires, pour la livraison au propriétaire de la part qui lui est afférente.

Ces voitures ne profiteront, dans ces divers cas, de l'exception ci-dessus énoncée, qu'autant qu'elles n'emprunteront les routes nationales ou départementales que pour une distance de trois myriamètres au plus (1).

Les voitures ci-dessus mentionnées, lorsque leur poids excédera le poids exceptionnel déterminé au premier paragraphe du présent article, seront soumises aux règles du tarif du roulage; mais, dans ce dernier cas, la tolérance accordée par le second paragraphe de l'art. 2 ci-dessus, sera augmentée de moitié en sus.

Art. 5. Les poids déterminés par l'art. 1er ne seront obligatoires que deux ans après la promulgation de la présente ordonnance pour les voitures de 17 centimètres de largeur de jantes et au-dessus (2).

---

(1) Les voitures employées aux travaux des prestations pour les chemins vicinaux peuvent circuler avec des roues à bandes de moins de 11 centimètres, quelque soit d'ailleurs le nombre des chevaux attelés, pourvu qu'aux termes de l'ordonnance du 2 octobre 1844, leur poids n'excède pas 2,500 kil. si elles sont à deux roues, et 4,000 kil. si elles sont à quatre roues, et qu'elles n'empruntent pas les routes nationales ou départementales pour une distance de plus de trois myriamètres.

(2) Ce délai a été prorogé au 2 octobre 1847, par l'ordonnance du 22 septembre 1846.

§ VI. *Ordonnance du 20 octobre 1845, relative au poids des voitures publiques à quatre roues avec bandes de dix centimètres de largeur.*

Art. 1er. Le poids des voitures publiques à quatre roues avec bandes de dix centimètres de largeur, pourra être porté de 4,500 kilogrammes, taux réglé par l'ordonnance du 5 octobre 1843, à 4,700 kilogrammes (tolérance non comprise), lorsque ces voitures seront pourvues, à l'avant-train, de deux pièces de fer dites *sassoire* et *contre-sassoire*, formant chacune au moins un demi-cercle d'un mètre quinze centimètres de diamètre, ayant la cheville ouvrière pour centre.

Art. 2. Les voitures mentionnées en l'art. 1er, et dont l'avant-train sera établi suivant le nouveau système, pourront avoir, du sol au point le plus élevé du couvercle de la bâche ou du coffre de derrière, une hauteur qui n'excédera pas trois mètres dix centimètres.

Art. 3. La disposition énoncée en l'art. 2 ne sera, dans aucun cas, applicable aux voitures publiques affranchies de la vérification de leur poids, conformément à l'art. 3 de l'ordonnance du 5 octobre 1843.

§ VII. *Objets indivisibles.*

L'art. 2 de la loi du 29 floréal an x, porte : Les objets non divisibles, et d'un poids supérieur au tarif, pourront être néanmoins transportés par le roulage, sans donner ouverture à contravention.

L'art. 9 du décret du 23 juin, qui développe cette disposition, est ainsi conçu :

« Les objets indivisibles, tels que pierres, marbres, arbres et autres, dont le poids ne peut être diminué, sont exceptés des dispositions qui précèdent (concernant le poids des voitures), et pourront être transportés par des voitures dont la dimension des jantes serait inférieure aux largeurs déterminées.

» Néanmoins, les préfets sont autorisés à appliquer les dispositions du présent décret aux voitures habituellement employées à l'exploitation des carrières et à celle des forêts; les propriétaires de ces voitures seront tenus d'obtempérer aux réglements des préfets, sous les peines portées par la loi du 7 ventôse an XII (1). »

---

(1) L'art. 9 du décret du 23 juin 1806 ne s'applique pas à un chargement de deux pièces de bois de construction, attendu qu'un pareil chargement n'est pas indivisible de sa nature (5 décembre 1842, 9 janvier 1843), ni à un chargement de deux pièces de canon (5 décembre 1843).

Il faut remarquer que le décret du 23 juin 1806 se borne à régler le poids des voitures dont les jantes ont au moins 0 m. 11 c. de largeur. L'art. 9 de ce décret ne peut donc s'appliquer qu'aux voitures dont les jantes ont une largeur de onze centimètres et au-dessus. Il doit être entendu en ce sens qu'il est permis de transporter un objet indivisible sur une voiture dont la

§ VIII. *Voitures d'artillerie et autres services militaires.*

Décret du 23 juin 1806.

Art. 26. Les voitures de l'artillerie ne seront assujéties ni à la fixation du poids, ni à la largeur des jantes, ni à la longueur des essieux, prescrites par le présent règlement.

Ne seront considérées comme voitures d'artillerie que celles qui porteront, en caractères apparents, sur une plaque de métal, clouée en avant de la roue et au côté de la voiture, les mots : Artillerie nationale.

Les conducteurs de ces voitures devront être munis d'une feuille de route certifiant que lesdites voitures appartiennent à l'Etat, et indiquant le lieu de leur destination et celui de leur chargement.

Ne seront non plus soumis aux dispositions du présent règlement, les chariots, fourgons, appartenant aux corps militaires et voyageant à leur suite, lorsque lesdites voitures seront munies d'une plaque, indiquant le nom du corps et lorsque leurs conducteurs seront porteurs d'une feuille de route conforme à celle prescrite pour les voitures d'artillerie.

La même disposition est commune aux voitures ou chariots d'ambulance des hôpitaux militaires, caissons des vivres et équipages militaires appartenant à l'Etat.

Ne pourront, dans aucun cas, être considérées comme voitures d'artillerie, des corps, des hôpitaux militaires ou autres services, celles que les entrepreneurs de transports emploient pour le service des corps, de l'artillerie, des hôpitaux militaires et autres services.

§ IX. *Vérification.*

Loi du 29 floréal an x.

Art. 3. Le poids des voitures sera constaté au moyen de ponts à bascule établis sur les routes, dans les lieux que fixera le Gouvernement (1).

Jusqu'à l'établissement de ces ponts, la contravention sera constatée par la vérification des lettres de voiture.

---

largeur des jantes et inférieure à celle qui comporte le poids du chargement, pourvu cependant que cette largeur ne descende pas au-dessous de onze centimètres, si la voiture est attelée de plusieurs chevaux, car alors il y aurait contravention à la loi du 7 ventôse an XII.

(1) Le pavé des villes, dans le prolongement des routes, fait essentiellement partie desdites routes, et est compris au budget des ponts-et-chaussées. Ainsi on ne peut pas dire qu'une route commence au pont à bascule qui se trouve placé à la barrière d'une ville (Ord. du 20 avril 1822).

Décret du 23 juin 1806.

Art. 10. La vérification du poids des voitures désignées dans le présent décret, sera faite gratuitement au moyen des ponts à bascule déjà établis ou à établir par la suite.

Lorsqu'il y aura lieu à la vérification du poids des voitures employées à la culture, elle se fera également par le moyen des ponts à bascule, si elles passent sur le point où ils seront placés.

Art. 11. Les voitures vides, et celles dont la modicité du chargement apparent ne donnerait lieu à aucune présomption de surcharge, ne seront point assujéties à passer sur les ponts à bascule.

Art. 12. Pourront, les propriétaires de voitures et les rouliers, avant de commencer leur voyage, se présenter aux ponts à bascule, pour s'assurer du poids, soit des voitures vides, soit des voitures chargées, et éviter par là de s'exposer à la contravention. Dans ce cas, ils paieront aux préposés, à titre d'indemnité, 50 centimes pour une voiture vide, et 1 franc pour une voiture chargée.

Ordonnance du 5 octobre 1843.

(Voir à l'art. 3 les voitures qui ne sont pas assujéties à la vérification de leur poids (1).

Les contraventions relatives au poids des voitures peuvent être constatées par la vérification des lettres de voiture dans les lieux où il n'existe pas de pont à bascule (6 janvier 1837, 14 juillet 1838, 20 août 1840).

Mais on ne peut considérer comme suppléant à ce dernier moyen un procès-verbal dans lequel est constatée la déclaration du conducteur, mais sur lequel sa signature n'a pas été apposée, alors d'ailleurs, que cette signature n'a pas été requise et que la production des lettres de voiture n'a pas été demandée (6 janvier 1837, 19 mars 1840).

Dans les lieux où il n'existe pas de pont à bascule, en cas de refus de la part du voiturier de présenter ses lettres de voiture, ou de fausses énonciations contenues dans lesdites lettres, le poids du chargement doit être constaté au moyen d'une estimation faite contradictoirement avec le conducteur ou en sa présence (12 mai 1845).

Pour éviter de subir les peines infligées aux contrevenants, des entrepreneurs de messageries poursuivis pour excès de chargement ne peuvent exciper de ce qu'un pont à bascule a été reconnu défectueux, lorsqu'il a été établi que la défectuosité a pour résultat de donner un poids en moins ; ni s'autoriser d'une expérience dans laquelle, contrairement aux règles ordinaires, le préposé a enlevé les calles et donné ainsi un

---

(1) Voir les ordonnances du 5 octobre 1843 et du 15 février 1837 ; ci-dessus pages 19 et 21.

poids en plus. On comprend que le Conseil d'Etat serait disposé à l'indulgence, si la défectuosité des ponts donnait, dans les pesées faites selon les règles, un poids en plus (7 juin 1836). Du reste, les vices reprochés avec raison à un pont à bascule ne sont pas un motif pour déclarer qu'il n'y a pas eu contravention, dès qu'il est constant qu'il y a eu excès de chargement (17 mai 1837).

Lorsqu'un voiturier dépose certains colis de son chargement avant son passage devant le pont à bascule, qu'il les fait passer sur une voiture d'emprunt, que, sommé d'exhiber sa lettre de voiture, il soutient ne pas en avoir, et refuse de déclarer les noms des destinataires, il y a présomption d'un maximum de surcharge qui n'a pu être constaté par le fait de ce voiturier, et l'amende de 300 francs doit être prononcée (5 septembre 1840).

Si le préposé d'un pont à bascule, après avoir terminé le pesage d'une diligence, voit de nouveaux voyageurs monter en fraude dans cette voiture, il peut évaluer le poids de ces voyageurs et l'ajouter à celui constaté par le pesage (25 avril 1839).

S'il en résulte un excès de chargement, il y a lieu de dresser procès-verbal de contravention (*id.*).

Lorsqu'il est constant que le conducteur d'une voiture, avant de passer sur le pont à bascule, avait déposé une partie de son chargement sur une autre voiture, le préposé est fondé à ajouter au poids de la première voiture celui du chargement de la deuxième (15 nov. 1839); et si ces poids réunis donnent un excès de chargement, il y a lieu d'appliquer l'amende (26 décembre 1840).

Le refus par le conducteur d'une voiture de passer sur un pont à bascule, établit contre ce conducteur la présomption d'un excès de chargement (20 avril 1830, 30 juillet 1839, 15 août 1839), et même du maximum de surcharge, et il y a lieu, dans ce cas, d'appliquer le maximum de l'amende (18 mai et 22 août 1838, 20 avril, 30 juillet, 15 août et 6 novembre 1839, 8 juillet 1840, etc.). On peut, en effet, supposer dans ce cas, que le poids du chargement est tel que le conducteur a un intérêt réel à s'opposer, à raison du bénéfice qu'il en retire, à toutes les conséquences que peut entraîner son action illicite.

Cependant, quand l'excès de chargement a été justement apprécié par le préposé, le Conseil de préfecture ne doit pas prononcer le maximum (19 juillet 1837).

Le Conseil de préfecture peut également repousser la présomption du maximum lorsque les circonstances lui permettent d'apprécier le poids des marchandises dont le conducteur a frauduleusement déchargé sa charrette avant de passer sur le pont (8 juin 1842, 3 février 1843).

Il doit, lorsque la fraude consiste en ce que des voyageurs seraient descendus d'une diligence avant de passer le pont, se borner à évaluer le poids des voyageurs descendus, en raison de 75 kilogrammes pour chacun, et décider, d'après cette base, s'il y avait surcharge et quelle en était l'étendue (8 juin 1842, 11 mars 1843).

La présomption du maximum de surcharge, qui résulte du refus fait par un conducteur de se soumettre au pesage, peut-être combattue par la preuve contraire.

Le voiturier qui quitte la route au moment de passer sur le pont à bascule, et qui refuse d'y passer sous le prétexte que la voie qu'il suit est plus courte, doit être condamné au maximum de l'amende (6 septemb. 1842). — Il en serait de même s'il prétextait du verglas (30 août 1843).

Les conseils de préfecture ne peuvent admettre des excuses pour le fait matériel de chargements excessifs, et, par exemple, relaxer le contrevenant sur le motif que l'excès du poids devait être attribué à la pluie dont le chargement était imbibé (19 mars et 26 novembre 1840, 2 juin, et 30 août 1843).

Les propriétaires de voitures ou rouliers sont obligés de déclarer, en arrivant devant le pont à bascule, s'ils veulent faire peser leurs voitures; les préposés ne sont pas tenus de les avertir, dans le cas où ils ne feraient pas cette déclaration; s'ils ne la font pas et que les employés reconnaissent une surcharge, il y a dès lors contravention : l'amende est encourue par le seul fait de cette surcharge (17 avril 1822) (1).

L'article 3 de l'ordonnance du 15 février 1837, qui dispense du pesage les voitures publiques employées au transport des voyageurs, désigne par là les voitures qui transportent uniquement des voyageurs et leurs bagages, et est sans application aux voitures qui transportent, en outre, des marchandises (26 novembre 1841).

Aux termes de l'article précité, les voitures montées sur des roues à jantes de neuf centimètres, et qui, réunissant d'ailleurs les autres conditions prescrites, ne sont point attelées de plus de quatre chevaux, sont affranchies de la vérification de leur poids.

Il suffit qu'une de ces voitures ait circulé avec cinq chevaux pendant une partie de son parcours, pour que le bénéfice de l'article précité ne lui soit plus applicable. L'article 3 de l'ordonnance du 15 février 1837, qui a eu pour but d'encourager l'emploi des voitures légères, n'a entendu dispenser du pesage que les voitures qui parcourent toute leur route avec quatre chevaux seulement; et, du moment qu'en un point quelconque de leur trajet, elles en empruntent cinq, à l'instant même l'exception cesse pour elles (2).

La faculté accordée aux voitures par l'art. 12 du décret du 23 juin 1806, de se présenter aux ponts à bascule avant de commencer leur voyage, pour s'assurer du poids de leurs voitures, vides ou chargées,

---

(1) Il n'est pas nécessaire de faire constater si cette surcharge a plus ou moins dégradé la route : car, aux termes du décret du 23 juin 1806, il est expressément question d'amende, et non de réparation de dommages.

(2) Voir les ordonnances des 15 février 1837 et 3 octobre 1843, p. 19 et 21.

n'est applicable qu'autant qu'il existe des ponts à bascule au lieu même du départ (26 mai 1837, 9 juin 1843).

En conséquence, lorsqu'une voiture dont le poids n'a pu être vérifié au lieu même du départ, faute de pont à bascule, et reconnue être en surcharge à son passage devant le premier pont à bascule qu'elle rencontre sur sa route, le voiturier est non-recevable à invoquer le bénéfice de l'art. 12 du décret du 23 juin 1806, pour échapper à la condamnation par lui encourue, par suite de sa contravention (3 septembre 1806, 26 mai 1837, 13 décembre 1845).

§ X. *Amendes.*

Décret du 23 juin 1806.

Art. 27. Les contraventions relatives au poids des voitures pour excès de chargement au-delà des quantités réglées par le présent décret, seront punies des amendes prononcées par la loi du 29 floréal an X, article 4, ainsi qu'il suit :

Pour excès de	20 à 60 myriagrammes	25 fr.
—	de 60 à 120 . . id.	50
—	de 120 à 180 . . id.	75
—	de 180 à 240 . . id.	100
—	de 240 à 300 . . id.	150
et au-dessus de 300	. . id.	300

Art. 44. Tout voiturier ou conducteur pris en contravention pour excédant du poids fixé par le présent décret, ne pourra continuer sa route qu'après avoir réalisé le paiement des dommages et déchargé sa voiture de l'excédant du poids qui aura été constaté ; jusque-là les chevaux seront mis en fourrière à ses frais, ou il fournira caution.

L'art. 27 précitée ne prononce pas d'amende pour excès de chargement au-dessous de 20 myriagrammes ou 200 kilogrammes : cette disposition s'explique par la tolérance de 200 kilogrammes portée par l'art. 5 du décret du 23 juin 1806, en faveur des charrettes (1).

Il suit de ce rapprochement que l'art. 27 de la loi du 23 juin 1806 est incomplet, et que les voitures des messageries qui n'ont que 10 myriagrammes de tolérance, doivent payer pour l'excès de chargement de 10 à 60 myriagrammes. Il suit encore que les chariots ne doivent payer que lorsque l'excès de chargement dépasse 30 myriagrammes (Circulaire du 15 juin 1807). De là la rectification qui a été faite, en ce qui concernait les messageries par l'ordonnance du 24 décembre 1814, et, en ce qui concernait les voitures de roulage, par une autre ordonnance du 21 mai 1823.

---

(1) Voir page 18, l'art. 5 du décret du 23 juin 1806.

Ordonnance du 24 décembre 1814.

Art. 1er. L'article 27 du décret du 23 juin 1806, concernant le poids des voitures et la police du roulage, est rectifié en ce sens que les contraventions des voitures publiques, diligences, messageries, fourgons et berlines seront punies des peines portées audit article, à partir d'un excédant de 100 kilogrammes sur les chargements fixés par l'art. 6 dudit décret.

Ordonnance du 21 mai 1823.

L'article 27 du décret du 23 juin 1806, concernant le poids des voitures et la police du roulage, est rectifié en ce sens, que les surcharges des voitures mentionnées aux articles 3 et 4 de ce décret, commenceront au point où le poids de ces voitures excédera celui fixé par ces articles et la tolérance accordée par l'art. 5.

En conséquence, les amendes résultant dudit article 27 pour excès de chargement, à partir des quantités réglées par les articles 3 et 4 et augmentées de la tolérance, seront appliquées ainsi qu'il suit :

Pour excès	de 0 à 60	myriagrammes	25 fr.
—	de 60 à 120	id	50
—	de 120 à 180	id	75
—	de 180 à 240	id	100
—	de 240 à 300	id	150
et au-dessus	de 300	id	300 (1).

Ordonnance du 16 juillet 1828.

Aux termes de l'art. 19 de cette ordonnance, les amendes désignées par l'art. 27 du décret de 1806, sont applicables aux diligences, messageries et voitures publiques sur lesquelles il aurait été reconnu et constaté un excès de chargement.

CHAPITRE IV.

BARRIÈRES DE DÉGEL.

§ Ier. *Ordonnance du* 23 *décembre* 1816.

Art. 1er. Dans les départements où il existe des routes pavées, il

---

(1) Toute insulte ou mauvais traitement envers les préposés des ponts à bascule sera punie de *cent francs* d'amende, sans préjudice des dommages-intérêts et de poursuites extraordinaires, s'il y a lieu (Décret du 23 juin 1806, art. 35).

pourra être établi des barrières de dégel sous l'autorisation de notre directeur général des ponts-et-chaussées, et de la manière qui sera expliquée ci-après.

Art. 2. Aussitôt que le dégel sera déclaré, et que la nécessité d'interrompre la circulation se fera sentir, les ingénieurs en préviendront les sous-préfets, qui ordonneront sur-le-champ la fermeture des barrières.

Les arrêtés que prendront, à cet effet, les sous-préfets, seront adressés, sans délai, aux maires des communes riveraines ou traversées par la route, pour être publiés et affichés au lieu le plus apparent.

Art. 3. Dès que les arrêtés ordonnant la fermeture des barrières auront été publiés, aucune voiture ne pourra plus sortir de la ville, bourg ou village dans lequel elle se trouvera.

Les voitures qui seraient en marche pourront toutefois continuer leur route jusqu'à la plus prochaine ville ou au plus prochain village, et seront tenues d'y rester jusqu'à l'ouverture des barrières. Dans le cas, néanmoins, où il ne se trouverait point, dans les bourgs et villages, d'auberges propres à les recevoir avec leurs attelages, elles pourront poursuivre leur marche jusqu'à la couchée ordinaire, ou tout autre lieu plus voisin qui leur sera désigné par le maire de la commune. Pour n'être point inquiétés dans leur trajet, les propriétaires ou conducteurs de ces voitures prendront un laisser-passer du maire ; ce laisser-passer fera mention du motif qui aura porté à le délivrer, et ne vaudra que pour le jour même.

Art. 4. Toute voiture prise en contravention aux dispositions de la présente ordonnance sera arrêtée, et les chevaux mis en fourrière dans l'auberge la plus prochaine; le tout sans préjudice de l'amende qui pourra être prononcée, conformément à l'art. 7.

Art. 5. Pourront circuler sur les routes, pendant la fermeture des barrières de dégel : 1° les courriers de malle et toutes les voitures qui en font le service; 2° les voitures de toute espèce non chargées ; 3° les voitures de voyage supendues, étrangères à toute entreprise publique de messageries ; 4° les voitures publiques, destinées au transport des voyageurs, toutes les fois que leur poids n'excède pas la quotité fixée par l'art. 6 ; 5° toutes voitures attelées d'un ou plusieurs chevaux, pourvu que leur poids n'excède pas celui qui sera fixé ci-après.

Art. 6. Le poids des voitures publiques destinées au transport des voyageurs ne pourra être, pendant tout le cours de la fermeture des barrières de dégel et dans la circonscription marquée par ces barrières, si les voitures sont à deux roues, que de 800 kilogrammes, et, pour les voitures à quatre roues, de 1,800 kilogrammes, chargement compris.

Le poids des voitures de roulage et autres non suspendues, allant au pas, pourra être, pour les charrettes, de 900 kilogrammes; pour les chariots et voitures à quatre roues, de 1,500 kilogrammes, y compris le chargement (1).

Les seules voitures chargées seront assujéties à la vérification et au pesage.

Il n'est dérogé en rien, par la présente, aux lois et réglements sur la largeur des jantes, qui continuera d'être fixée dans les proportions relatives au poids des voitures, conformément au décret du 23 juin 1806.

Art. 10. L'ordre de rouvrir les barrières sera délivré par le préfet, sur l'attestation de l'ingénieur en chef des ponts-et-chaussées, constatant que les routes sont suffisamment raffermies pour ne plus souffrir de la pression des voitures lourdement chargées.

Le jour déterminé pour cette ouverture, et le lendemain, les voitures ne pourront partir des lieux où elles étaient retenues, que deux à la fois et à une heure d'intervalle.

L'ordre à suivre pour le départ sera fixé d'après celui de l'arrivée de chaque voiture, de manière à ce que les premières arrivées partent aussi les premières : à cet effet, les propriétaires ou conducteurs de ces voitures devront se transporter à la mairie, pour y faire prendre note de leur arrivée dans la commune ; le maire ou son adjoint présidera au départ : en conséquence, les préposés aux barrières de dégel ne laisseront passer, le jour de l'ouverture des barrières et le lendemain, que deux voitures à la fois et à une heure d'intervalle (2).

§ 2. *Vérification.*

Ordonnance du 23 décembre 1816.

Art. 6. Les seules voitures chargées seront assujéties à la vérification et au pesage.

§ 3. *Amendes.*

Ordonnance du 23 décembre 1816.

Art. 7. Les contraventions pour excès de chargement en temps de

---

(1) Les voitures trouvées en surcharge pendant la fermeture des barrière de dégel jouissent d'une tolérance de 200 kilog. pour les voitures à deux roues, et de 300 kilog. pour les voitures à 4 roues, tolérance accordée par l'ordonnance du 13 février 1837.

(2) Par décision du ministre des travaux publics, datée du mois de février 1841, les entrepreneurs des messageries générales de France ont été autorisés à substituer aux voitures à quatre roues, sur les routes pavées des départements du nord de la France, en temps de dégel, des voitures à six roues, à trains articulés, suspendues sur ressorts métalliques, ayant des jantes de même largeur que celles à quatre roues, et employées au transport des voyageurs, avec un poids maximum de 2,700 kilogr. au lieu de 1,800 fixé par l'ordonnance du 23 septembre 1816.

dégel, dans la circonscription marquée par les barrières, entraînant la dégradation des routes, donneront lieu, à titre de dommages, à l'amende, en vertu des articles 4 et 5 de la loi du 29 floréal an x.

Art. 8. Indépendamment de ladite amende, le contrevenant sera traduit devant le tribunal de simple police, pour y être puni, s'il y a lieu, conformément à l'article 476 du Code pénal (1).

CHAPITRE V.

PLAQUES.

§ 1. *Décret du* 23 *juin* 1806.

Art. 34. Tout propriétaire de voiture de roulage sera tenu de faire peindre, sur une plaque en métal, en caractères apparents, son nom et son domicile. Cette plaque sera clouée en avant de la roue et au côté gauche de la voiture.

Cette disposition qui astreint à la plaque les voitures de roulage n'est pas appliquable aux voitures d'agriculture (20 février, 23 juin 1846).

Ainsi, les voitures dont il est question à l'art. 3 de l'ordonnance du 2 octobre 1844 (Voir page 24), sont dispensées de la plaque ; mais les voitures dont il est parlé à l'art. 4 de la même ordonnance, n'en sont point dispensées.

On conçoit aisément la raison de cette différence. L'exception relative à la largeur des bandes des roues a été accordée à certaines voitures, sous la condition qu'elles n'emprunteront les routes nationales et dépar-

---

(1) Cet article est ainsi conçu :

« Pourra, suivant les circonstances, être prononcé, outre l'amende portée en l'article précédent, l'emprisonnement pendant trois jours au plus, contre les rouliers, charretiers, voituriers et conducteurs en contravention; contre ceux qui auront contrevenu aux règlements ayant pour but, soit la rapidité, la mauvaise direction ou le chargement des voitures ou des animaux, soit la solidité des voitures publiques, leur poids, le mode de leur chargement, le nombre et la sûreté des voyageurs). »

L'art. 475 du Code pénal, en établissant, dans l'intérêt de la sûreté des voyageurs, des peines correctionnelles contre les personnes qui violent les règlements relatifs au chargement, à la rapidité et à la mauvaise direction des voitures, n'a pas dérogé aux dispositions des lois sur la police du roulage, rendue dans l'intérêt de la viabilité des routes. Ainsi, par exemple, lorsque le conducteur d'une voiture publique refuse de passer sur un pont à bascule de la route qu'il parcourt pour faire vérifier le poids de son chargement, l'action à laquelle ce refus peut donner lieu devant les tribunaux de l'ordre judiciaire, ne fait pas obstacle à ce que le conseil de préfecture connaisse de la contravention qui peut résulter de l'excès de chargement (3 sept. 1846).

Lorsqu'un voiturier refuse de laisser vérifier le poids de sa voiture, sans se

tementales que pour une distance de trois myriamètres au plus, et que leur poids n'excédera pas 2,500 kil. ou 4,000 kil., suivant qu'elles sont à deux ou à quatre roues. Si des conditions ne sont pas remplies, l'exception cesse : et comme les voitures dont il s'agit se trouvent alors en contravention, il est bien nécessaire de connaître le nom et le domicile du propriétaire. De là vient que celui-ci demeure assujéti à l'obligation de la plaque (23 juin 1846).

L'allégation de la perte de la plaque ne peut être un motif d'excuse (11 août 1841).

Même lorsque le contrevenant produit un certificat du maire de sa commune portant qu'au commencement du voyage sa voiture était pourvue de la plaque (26 novembre 1841).

Pour qu'une voiture soit assujétie à la plaque, il n'est pas nécessaire qu'elle soit attelée de plus d'un cheval, et une voiture attelée d'un seul cheval n'est pas dispensée de la plaque (26 déc. 1837, 27 nov. 1838, 27 mars et 6 nov. 1839, 22 janv. 1840).

Il importerait peu que les noms et domicile du propriétaire ne fussent pas *peints*, si d'ailleurs ils étaient *frappés* ou *gravés* sur la plaque, en caractères apparents (2 janvier 1827).

Mais il ne suffirait pas qu'ils fussent écrits sur une feuille de papier collée à la voiture (9 novembre 1836, 31 octobre 1838) ;

Ni même qu'ils fussent écrits, en gros caractères, sur les brancards de la charrette (27 mars 1839, 11 août 1841, 10 mars 1844).

Lorsque la contravention est constante, les conseils de préfecture ne peuvent excuser le propriétaire sous le prétexte que le départ

---

livrer d'ailleurs, à des voies de fait envers les agents de l'administration, il doit être puni, aux termes des art. 473 et 476 du Code pénal, d'une amende de 6 à 10 francs, et même, suivant les circonstances, d'un emprisonnement de trois jours au plus ; en cas de récidive, la peine de l'emprisonnement est portée à cinq jours au plus par l'art. 478. Dans ce cas, la résistance au péage a uniquement le caractère d'une *contravention*, et le prévenu doit être traduit devant le tribunal de simple police. Mais si le refus du voiturier est accompagné de violence et de voies de fait, il constitue à l'instant même un *délit*, et les art. 212 et 218 le punissent d'un emprisonnement de six jours et d'une amende de 16 francs à 200 francs ; dans ce cas, les poursuites doivent être dirigées devant le tribunal correctionnel à la diligence du procureur de la République. Les agents de l'administration doivent rédiger, en double expédition, les procès-verbaux par lesquels ils constatent la résistance des voituriers et des conducteurs de diligences à l'exécution des règlements sur la police du roulage ; l'une sera mise sous les yeux du conseil de préfecture, avec des conclusions tendantes à l'application des peines prononcées par le décret du 23 juin 1806 ; l'autre devra être adressée, soit au juge de paix, soit au procureur de la République, selon que la résistance aura le caractère d'une contravention ou d'un délit, et que la répression appartiendra au tribunal de simple police ou au tribunal correctionnel. Il importe, en outre, que les préposés n'omettent pas d'indiquer que, dans leurs procès-verbaux, la résistance qu'ils seront à même de remarquer (Circulaire du 16 novembre 1842).

était précipité et qu'on n'avait pu se procurer une plaque (27 mars 1839) ;

Ni sous le prétexte que la plaque s'étant perdue, on l'avait momentanément remplacée par une inscription en papier (22 février 1838);

Ni sous le prétexte que le contrevenant n'est pas un voiturier de profession et que la voiture n'est habituellement employée qu'à des transports d'agriculture (27 avril 1841, 18 août 1842) ;

Ni sous le prétexte que la voiture était neuve et que le propriétaire la conduisait dans un lieu où il avait l'intention d'y faire mettre une plaque (20 janvier 1843).

Il y a contravention lorsque la plaque est illisible. Peu importerait que l'illisibilité provînt de ce que la plaque serait couverte de noir animal (26 décembre 1837, 27 mars 1839).

Il en serait de même quoi qu'il fût certifié par le maire qu'après avoir été nétoyée, la plaque présentait une inscription lisible (7 décembre 1843).

L'individu que le procès-verbal de contravention signale comme propriétaire de la voiture, parce que son nom se trouvait sur la plaque, doit être condamné, même alors qu'il avait prêté sa voiture (11 août 1841).

Lorsque plusieurs voitures marchent ensemble, sous la conduite du même individu, il ne suffit pas que l'une d'elles ait la plaque (21 janvier, 15 juillet, 5 décembre 1842, 31 juillet 1843), ni que l'une seulement ait une plaque lisible (6 août 1839).

Il n'y a pas exception pour les voitures que les entrepreneurs de travaux publics emploient au transport de leur matériaux à l'obligation concernant la plaque (9 juin 1843).

La mise en circulation d'une voiture de roulage, sur une route, avec une plaque portant un nom et un domicile autres que celui du propriétaire, constitue une contravention, même au cas où la voiture, récemment achetée, porterait encore la plaque du précédent propriétaire (20 janvier 1843); et un conseil de préfecture ne pourrait refuser, dans ce cas, de donner suite au procès-verbal, en se fondant sur ce que cette fausse indication n'aurait pas été faite dans le but d'échapper à la surveillance des agents (8 avril 1846).

Lorsqu'il a été constaté qu'un particulier a fait circuler sur une grande route une voiture sans plaque, il y a contravention, et l'on ne peut alléguer, pour excuse, le fait certifié dûment par le maire de la commune que l'on possède une voiture munie de sa plaque, et que l'on ne se servait de l'autre qu'accidentellement et parce que la première était en raccommodage (6 mai 1836).

§ II. *Amendes.*

Décret du 23 juin 1806.

Art. 34. Le défaut de plaque sera puni d'une amende de 25 francs. L'amende sera double si la plaque portait soit un nom, soit un domicile faux ou supposé.

CHAPITRE VI.

DISPOSITIONS GÉNÉRALES.

Amendes.

D'après l'art. 31 du décret du 23 juin 1806, l'amende sera encourue et répétée autant de fois que la contravention aura été constatée, pourvu qu'il se soit écoulé quatre jours entre le premier procès-verbal et le suivant (2 décembre 1829).

Il faut toutefois faire observer que cette disposition n'est applicable qu'aux contraventions pour longueur des essieux, forme des clous et des bandes, largeur des jantes, défaut de plaque, et qu'elle n'est pas applicable aux excès de chargement. Cette interprétation se tire de l'article 44 du même décret, portant que le voiturier ne peut continuer sa route qu'après avoir déchargé la voiture du poids excédant la charge énoncée au tarif (2 sept. 1829).

L'art. 365 du Code d'instruction criminelle, qui porte qu'en cas de conviction de plusieurs crimes ou délits, la peine la plus forte sera seule prononcée, n'est pas applicable aux contraventions à la police de roulage (15 juillet 1841, 17 novembre 1843). Lorsqu'un procès-verbal constate deux contraventions, il y a lieu d'appliquer deux amendes (28 mai 1837).

Toute inobservation des lois et règlements de voirie est une contravention, et toute contravention est punissable d'une amende.

L'amende est applicable à toutes les contraventions, et elle est la seule peine toutes les fois qu'il ne se joint à ces contraventions aucun fait préjudiciable (6 mars 1816, 7 mars et 30 mai 1821, 8 mai 1822, 19 mars 1823, 23 octobre 1835).

L'amende peut être modérée suivant les circonstances, surtout lorsqu'il y a bonne foi (28 septembre 1816, 20 janvier 1819, 28 novembre 1821, 20 février et 28 mai 1835).

Il y a encore lieu de modérer l'amende lorsque les contrevenants sont dans l'indigence, et qu'ils ont payé les frais (1er sept. 1819).

Les conseils de préfecture ne peuvent, sous aucun prétexte, modérer l'amende encourue (3 mars 1837). Ce droit n'appartient qu'au conseil d'Etat (28 nov. 1834). Lorsque les lois et réglements prononcent une amende fixe, le conseil de préfecture ne peut ni réduire ni augmenter cette amende. La raison en est que les conseils de préfecture sont des tribunaux véritables qui ne peuvent s'écarter de la loi.

Cette modération n'est jamais accordée dans le cas de récidive, et lorsque le contrevenant a agi au mépris des défenses de l'autorité (18 juillet 1821).

L'amende doit être calculée sur la législation en vigueur au moment de la contravention, et il importerait peu qu'une loi postérieure eût autorisé un poids plus fort (15 mars 1838).

D'après les lois et réglements sur la police du roulage, les amendes doivent être consignées, et ne sont définitivement acquises à l'Etat que quand elles ont été prononcées par des jugements qui ne sont plus susceptibles d'être attaqués.

Lorsque les réclamants se sont pourvus en temps utile contre les décisions du conseil de préfecture, et qu'ils étaient en appel devant le conseil d'Etat à l'époque où a été prononcée une amnistie sur les contraventions de voirie, ils sont aptes à profiter du bénéfice de cette amnistie (20 juillet 1830).

L'administration, condamnée à restituer les amendes en vertu d'une ordonnance d'amnistie, ne peut déduire de cette restitution la prime accordée aux employés qui ont dressé le procès-verbal de contravention (17 mai 1833). Elle doit ordonner la restitution des sommes versées à titre de consignation sans être tenue des intérêts (28 janv. et 4 nov. 1835).

L'ordonnance du 21 mai 1823 porte que les surcharges commenceront au point seulement où le poids des voitures excède le poids légal augmenté de la tolérance. En conséquence, pour fixer le taux des amendes encourues par les contrevenants, il y a lieu d'ajouter la tolérance, non à la surcharge, mais au poids fixé par le tarif (5 juin 1845).

Les poursuites pour contravention aux lois sur la police du roulage doivent être dirigées contre le propriétaire de la voiture, bien qu'au moment où la contravention aurait été constatée, cette voiture fût placée sous la conduite d'un domestique contre lequel le procès-verbal aurait été rédigé. L'administration ne connaît que le propriétaire de la voiture surprise en contravention ; elle ne s'occupe en rien du conducteur qui lui est étranger. C'est ainsi que la question a été plusieurs fois résolue par le conseil d'Etat, notamment par ses arrêts des 29 janvier 1841 et 15 juin 1842.

La prime accordée aux agents qui ont dressé les procès-verbaux de contravention, est celle-ci : pour une condamnation résultant de ce que plusieurs chevaux ont été attelés à une charrette ou à une voiture de roulage dont les bandes avaient moins de onze centimètres de largeur, il leur est alloué moitié de l'amende (loi du 7 ventôse an XII). Par toutes les autres condamnations, il leur est alloué un quart de l'amende (décret du 23 juin 1806, art. 32).

CHAPITRE VII.

PROCÈS-VERBAUX.

Loi du 29 floréal an x.

Art. 2. Les contraventions en matière de grande voirie seront constatées concurremment par les maires ou adjoints, par les ingénieurs des ponts-et-chaussées et leurs conducteurs, les agents de la navigation, les commissaires de police et par la gendarmerie.

Loi du 7 ventôse an XII.

L'art. 3 de cette loi ordonne que les contraventions seront constatées par les préposés à la perception de la taxe d'entretien des routes.

Cette taxe ayant été supprimée, les préposés aux ponts à bascule sont chargés, par les art. 1 et 19 du décret du 23 juin 1806, de vérifier le poids des voitures, la largeur des bandes, la longueur des essieux et des moyeux, la forme des clous des bandes et de dresser procès-verbal.

Les fonctionnaires et agents désignés par l'art. 2 de la loi du 29 floréal an x conservent toujours le pouvoir de constater toutes les contraventions en matière de roulage.

Décret du 18 août 1810.

Art. 1er. Les préposés aux droits réunis et aux octrois seront, à l'avenir, appelés, concurremment avec les fonctionnaires désignés en l'art. 2 de la loi du 29 floréal an x, à constater les contraventions en matière de grande voirie et de police de roulage.

Art. 2. Les préposés ci-dessus désignés, ainsi que les fonctionnaires publics désignés en l'art. 2 de la loi du 29 floréal an x, seront tenus d'affirmer, devant le juge de paix, les procès-verbaux qu'ils seront dans le cas de rédiger, lesquels ne pourront autrement faire foi et motiver une condamnation.

La question de savoir si les cantonniers chefs et les piqueurs ont qualité pour constater les contraventions aux lois et règlements sur la police du roulage a été l'objet d'une assez longue controverse. Cette question n'a jamais été douteuse pour l'administration ; elle lui a paru résolue par la loi du 23 mars 1842, portant que « les piqueurs des ponts-et-chaussées et les cantonniers chefs, commissionnés et assermentés à cet effet, seront appelés à constater tous les délits de grande voirie, concurremment avec les fonctionnaires et agents dénommés dans les lois et décrets antérieurs sur la matière. » Aussi l'administration s'est-elle empressée de déférer au conseil d'Etat les décisions contraires à la doctrine qu'elle avait soutenue. Une ordonnance rendue sous la date du 18 avril 1845 lui a pleinement donné gain de cause; elle a décidé que les dispositions de la loi du 23 mars 1842 étaient applicables à la répression des contraventions en matière de grande voirie (Lettre ministérielle du 23 juillet 1845).

L'art. 2 du décret du 18 août 1810 prescrit aux agents de l'autorité d'affirmer leurs procès-verbaux devant le juge de paix sous peine de nullité; mais il ne dit pas que ce doit être devant le juge de paix du canton dans lequel la contravention a été commise. Dès-lors l'affirmation d'un procès-verbal peut être faite valablement, soit devant le juge de paix du canton dans lequel la contravention a été constatée, soit devant celui de la résidence des agents, et si la ville à laquelle ils sont attachés est divisée en plusieurs cantons, devant le juge de paix de l'un de ces cantons (9 mars 1836).

Le conseil d'Etat, en annulant un arrêt de conseil de préfecture qui avait à tort rejeté un procès-verbal, comme affirmé devant un autre juge de paix que celui du canton où la contravention a été constatée, renvoie devant ce conseil pour prononcer au fond sur la contravention (même arrêt).

L'art. 112 du décret du 10 décembre 1811 qui permet aux fonctionnaires désignés dans cet article, l'affirmation de leurs procès-verbaux devant le maire ou l'adjoint du lieu, ne désigne pas, pour la recevoir, le maire ou l'adjoint du lieu sur lequel la contravention a été commise. Il s'en suit que le silence de la loi à cet égard leur laisse la faculté de faire cette affirmation, soit devant le maire ou l'adjoint du lieu de leur résidence, soit devant le maire ou l'adjoint du lieu du délit (22 juin 1843).

Il suffit que l'affirmation soit faite dans les trois jours, à partir de celui de la rédaction (26 mai 1837, 14 déc. 1837, 1er juil. 1840) (1).

---

(1) Le conseil de préfecture du département de la Vendée, par arrêtés des 13 et 20 août 1836, a déclaré qu'il n'y avait pas lieu à donner suite à des procès-verbaux constatant des contraventions en matière de roulage, parce que ces procès-verbaux n'avaient été affirmés que le lendemain de leur date, sans indiquer l'heure à laquelle cette formalité avait été remplie, et qu'ainsi rien ne constatait que l'affirmation eût eu lieu dans les 24 heures.

Une ordonnance du 26 mai 1837 a cassé cet arrêté, attendu qu'aucune disposition de loi ni d'ordonnance n'ayant prescrit l'affirmation dans les 24 heures, qu'au contraire le délai de trois jours est accordé aux agents chargés de dresser des procès-verbaux de contravention de roulage par l'art. 26 de la loi du 14 brumaire an VII, par l'art. 26 du décret du 8 prairial an XI sur la police de la navigation, par l'art. 25 du décret du 1er germinal an XIII concernant les droits réunis, et le décret du 18 août 1810 qui appelle les préposés à la taxe d'entretien des routes à verbaliser en matière de roulage.

Mais, faute d'avoir été affirmé dans les trois jours, les procès-verbaux n'ont aucune autorité, et ne font pas preuve des faits qui y sont constatés.

Les procès-verbaux rédigés par les ingénieurs peuvent être affirmés par eux soit devant le juge de paix du lieu du délit, soit devant celui de leur résidence (31 août 1828).

Pour que le conseil de préfecture soit valablement et régulièrement saisis, il n'est pas nécessaire que les procès-verbaux soient notifiés aux contrevenants (28 mai 1835).

Lorsque plusieurs contraventions sont reprochées au même individu, et par des procès-verbaux différents, elles peuvent être jugées simultanément ou séparément (12 décembre 1831).

Les procès-verbaux de contraventions à la police du roulage ne son pas, sous peine de nullité, assujétis au droit de timbre et d'enregistrement (29 août 1821, 30 décembre 1822, 18 janvier 1826).

Ils doivent être signés par les conducteurs des ponts-et-chaussées qui les ont dressés, et foi leur est due (28 juil. 1820, 26 nov. 1828).

Les procès-verbaux peuvent être valablement rédigés et signés par un gendarme. Les réglements intérieurs de ce corps qui exigent ordinairement deux gendarmes, pour les objets de leur service habituel, n'ont aucune force dans cette matière (19 janvier 1836).

Du reste, ces procès-verbaux ne font foi que jusqu'à preuve contraire (8 juin 1832, 21 mars 1834, etc).

Ils font foi entière lorsqu'ils ont été reconnus par les auteurs des contraventions eux-mêmes (19 janvier 1836).

Il n'est pas nécessaire, s'ils ont été dressés par un préposé des ponts à bascule, que le préposé ait été assisté pour leur rédaction (22 janvier 1823).

CHAPITRE VIII.

COMPÉTENCE.

Maires. — Le maire est l'autorité administrative au premier degré, chargé de surveiller, dans toute l'étendue de sa commune, le bon état des routes. Il constate, en matière de grande voirie, concurremment avec les agents désignés par la loi du 28 floréal an x, les contraventions qui peuvent se commettre.

Les maires peuvent, ainsi que leurs adjoints, recevoir l'affirmation des procès-verbaux.

Sous-préfets. — Sur l'avis des ingénieurs, ils ordonnent la fermeture des barrières de dégel (Ord. du 23 déc. 1816, etc.).

Préfets. — Les préfets sont compétents :

Pour appliquer à des voitures habituellement employées à l'exploitation des carrières et à celles des forêts, les dispositions des règlements sur la dimension de la largeur des jantes (décret du 23 juin 1806);

Pour ordonner la visite des voitures publiques, afin de s'assurer de leur bonne construction (Ord. du 18 juillet 1828);

Pour indiquer les rampes auxquelles sont applicables les dispositions de la décision ministérielle du 24 novembre 1842, qui autorise les rouliers se servant de voitures à jantes étroites à atteler un cheval de renfort;

Pour suspendre momentanément, par des arrêtés, le roulage, pendant les jours de dégel sur les chaussées pavées;

Pour, sur l'attestation de l'ingénieur en chef des ponts-et-chaussées, donner l'ordre de rouvrir les barrières de dégel (Ord. du 23 décembre 1816, etc.).

Conseil d'Etat. — Le conseil d'Etat statue, comme tribunal administratif souverain, sur le recours contre les arrêtés des conseils de préfecture.

Conseils de préfecture.—La compétence des conseils de préfecture (1) est clairement établie par les lois, décrets et ordonnances qui suivent :

Loi du 28 pluviôse an VIII.

Art. 4. Le conseil de préfecture prononcera :

Sur les difficultés qui pourront s'élever en matière de grande voirie, etc.

---

(1) Les conseils de préfecture ont été créés et organisés par la loi du 28 pluviôse an VIII. Le rapporteur de cette loi s'exprimait ainsi :

« Remettre le contentieux de l'administration à un conseil de préfecture a paru nécessaire pour ménager le temps que demande l'administration ; pour garantir aux parties qu'elles ne seront pas jugées sur des rapports ou sur des avis de bureaux, pour donner à la propriété des juges accoutumés au ministère de la justice, à ses règles, à ses formes; pour donner tout à la fois à l'intérêt particulier et à l'intérêt public, la sûreté qu'on ne peut guère attendre d'un jugement rendu par un seul homme ; car cet administrateur, qui balance avec impartialité les intérêts collectifs, peut se trouver prévenu et passionné quand il s'agit d'un intérêt particulier, et être sollicité par ses affections et ses haines personnelles à trahir l'intérêt public et à blesser le droit des particuliers. »

Loi du 29 floréal an X,

relative au poids des voitures.

Art. 4. Les contraventions à la présente loi seront décidées par voie administrative.

Loi du 7 ventôse an XII,

relative à la largeur des jantes.

Art. 4. Les contraventions seront décidées par voie administrative, conformément à la loi du 29 floréal an X.

Décret du 23 juin 1806,

concernant le poids des voitures et la police du roulage.

Art. 38. Les contraventions qui pourraient s'élever sur l'exécution du présent décret, et notamment sur le poids des voitures, sur l'amende et sur la quotité, seront portées devant le maire de la commune, et, par lui, jugées sommairement, sans frais et sans formalité, sauf le recours au conseil de préfecture, comme pour les matières de grande voirie, suivant la loi de floréal an XI (1).

Ordonnance du 23 décembre 1816,

relative aux barrières de dégel.

Art. 7. Les amendes encourues seront prononcées par le conseil de préfecture.

---

(1) C'est improprement que le mot *jugé* a été employé dans ce décret, qui n'a voulu que procurer une exécution de la loi plus assurée et plus prompte.

Le maire n'est appelé, dans ces contestations, que comme officier public qui interpose son autorité pour arrêter la contravention et faire déposer l'amende qu'il croit encourue ; il ne condamne pas, il ne juge pas le fond des contestations, il assure seulement l'effet de la condamnation, et les droits du voiturier restent intacts. On ne pourrait donner au décret une autre interprétation, car ce serait admettre que les maires, qui n'ont pas de juridiction en matière d'administration, auraient le droit de rendre un jugement proprement dit ; ce serait, contre toutes les règles de l'ordre judiciaire, établir trois jugements ; celui du maire, celui du conseil de préfecture et celui du conseil d'État, juge d'appel des arrêtés du conseil de préfecture. — Il faut donc reconnaître que l'arrêté d'un maire, en pareil cas, n'ordonne qu'une consignation provisoire ; qu'il n'est pas un jugement, que le conseil de préfecture peut seul prononcer, parce que nul ne peut être condamné que par une autorité compétente, et que le maire n'est ici qu'un agent d'exécution provisoire dont le conseil de préfecture doit nécessairement confirmer ou infirmer l'acte, soit que le contrevenant exerce ou n'exerce pas son recours devant lui.

En se servant du mot *jugé*, l'art. 38 du décret du 23 juin 1806 a entendu une décision sommaire et sans frais, non sur la contravention elle-même, mais sur l'exécution provisoire du règlement, sauf les droits de la partie saisie et le jugement à rendre par le conseil de préfecture, jugement nécessaire pour acquérir l'amende au fisc, soit que le roulier se pourvoie ou qu'il n'exerce pas son recours (Circulaire du ministre de l'intérieur, 17 mars 1819).

Ordonnance du 29 *octobre* 1828,

relative à la longueur des moyeux.

Art. 3. Les contraventions sur la longueur des moyeux seront poursuivies comme les autres contraventions en matière de roulage.

De son côté, la jurisprudence est constante en ce qui touche à la compétence des conseils de préfecture.

Il appartient aux conseils de préfecture de prononcer sur *toutes* les contraventions en matière de police de roulage, et, en conséquence, sur toutes celles relatives au poids des voitures et à la largeur des jantes (7 juin 1837).

Le conseil de préfecture prononce sur le recours contre les arrêtés des maires rendus dans les contestations élevées à l'occasion des règlements sur la police du roulage, et notamment sur le poids des voitures, et sur les contraventions commises en temps de dégel, sauf les poursuites ultérieures devant le tribunal de police, conformément à l'art. 474 du Code pénal (30 mai 1821).

C'est au conseil de préfecture qu'il appartient de statuer sur les contestations auxquelles peuvent donner lieu l'application du décret du 23 juin 1806 (10 mai 1839).

C'est à lui qu'appartient la connaissance des contraventions aux règlements sur la police du roulage; les tribunaux de police sont incompétents à cet égard (4 mars 1819).

Les conseils de préfecture excèdent leurs pouvoirs en statuant hors des limites de leur territoire, sur des contraventions en matière de grande voirie. (Ord. des 29 janv. 1823, 21 déc. 1825).

Les conseils de préfecture sont des tribunaux de premier degré. Il s'en suit que leurs décisions sont susceptibles d'appel devant le conseil d'Etat.

Les arrêtés des conseils de préfecture, lorsqu'ils sont rendus contradictoirement, sont des titres acquis aux parties, et ne peuvent être attaqués ni réformés que par le conseil d'Etat : d'où il suit que les conseils de préfecture ne peuvent révoquer leurs propres arrêtés s'ils ont le caractère de jugements contradictoires, quand même ces arrêtés seraient contraires aux lois ou reconnus fondés sur une erreur (arrêtés du Gouvernement du 16 thermidor an XII; décrets des 7 février, 18 juillet, 28 nov. 1809, 10 avril, 11 juillet 1812, 5 et 15 janvier, 21 juin 1816, 17 janvier 1814). Un avis du conseil d'Etat, du 16 thermidor an XII, approuvé le 25, et un décret du 21 juin 1813 consacrent, en principe, que les conseils de préfecture sont, dans les affaires de leur compétence, de véritables juges, dont les actes doivent produire les mêmes effets, et obtenir la même exécution que ceux des tribunaux ordinaires, qu'ils n'ont, pas plus que les tribunaux, le droit de réformer leurs décisions et que ce droit n'appartient qu'à l'autorité supérieure.

Le conseil de préfecture ne prononce que des peines pécuniaires ; si les contraventions constituent un délit emportant la peine d'emprisonnement, après avoir prononcé, en ce qui concerne les amendes et autres peines pécuniaires, le conseil de préfecture doit renvoyer les contrevenants ou délinquants devant les tribunaux correctionnels.

Aux termes du décret du 22 juillet 1806, trois mois sont accordés, à partir de la signification, pour se pourvoir contre les arrêtés du conseil de préfecture.

C'est au ministre qu'il appartient de déférer, s'il y a lieu, au conseil d'Etat, dans l'intérêt de la loi ou de l'administration, les arrêtés des conseils de préfecture rendus en matière de grande voirie (19 février 1823, 12 janvier, 2 février, 22 juin 1825, 18 janvier 1826, 3 septembre 1836). — Ce droit n'appartient pas au préfet.

La jurisprudence a établi que le ministre avait trois mois pour se pourvoir, à dater du jour où il a reçu l'arrêté.

TABLE DES CHAPITRES.

TABLE DES MATIÈRES

PAR ORDRE ALPHABÉTIQUE.

Principales Lois et Ordonnances citées dans cet ouvrage.

FIN.

Imprimerie de LEAUTEY, rue Saint-Guillaume, 21.

www.ingramcontent.com/pod-product-compliance
Ingram Content Group UK Ltd.
Pitfield, Milton Keynes, MK11 3LW, UK
UKHW021026180726
13838UKWH00004B/1627